AF186881

ትምህርት ቤት - škola 2
ጉዞ - cesta 5
መጓጓዣ - doprava 8
ከተማ - mesto 10
መልከዓምድር - terén 14
ምግብ ቤት - reštaurácia 17
የሸቀጣ ሸቀጥ መደብር - supermarket 20
መጠጦች - nápoje 22
ምግብ - jedlo 23
እርሻ - farma 27
ቤት - dom 31
ሳሎን - obývačka 33
ማድቤት - kuchyňa 35
መታጠቢያ ቤት - kúpeľňa 38
የልጅ ክፍል - detská izba 42
አልባሳት - šatstvo 44
ቢሮ - kancelária 49
ኢኮኖሚ - hospodárstvo 51
የስራ ሙያዎች - povolania 53
መሳሪያዎች - náradie 56
የሙዚቃ መሳሪያዎች - hudobné nástroje 57
የደር እንስሳት ማቆያ - ZOO 59
የስፖርት አይነቶች - šport 62
እንቅስቃሴዎች - aktivity 63
ቤተሰብ - rodina 67
አካል - telo 68
ሆስፒታል - nemocnica 72
ድንገተኛ - urgentný prípad 76
ምድር - Zem 77
ሰዓት - hodiny 79
ሳምንት - týždeň 80
ዓመት - rok 81
ቅርፆች - tvary 83
ቀለማት - farby 84
ተቃራኒዎች - protiklady 85
ቁጥሮች - čísla 88
ቋንቋዎች - jazyky 90
ማን/ ምን/ እንዴት - kto/čo/ako 91
የት - kde 92

Impressum
Verlag: BABADADA GmbH, Nedderfeld 112 , 22529 Hamburg
Geschäftsführer / Verlagsleitung: Harald Hof
Druck: Books on Demand GmbH, In de Tarpen 42, 22848 Norderstedt

Imprint
Publisher: BABADADA GmbH, Nedderfeld 112 , 22529 Hamburg, Germany
Managing Director / Publishing direction: Harald Hof
Print: Books on Demand GmbH, In de Tarpen 42, 22848 Norderstedt, Germany

# ትምህርት ቤት

## škola

መማሪያ ክፍል
trieda
ማካፈል
deliť
186/2
tabuľa
የትምህርት ቤት ቅጥር ግቢ
školský dvor
መምህር
učiteľ
ወረቀት
papier
písať
እ ክሪብቶ
pero
መፃፊያ ጠረጴዛ
písací stôl
ማ መሪያ
pravítko
መጽሐፍ
kniha
ተማሪ
žiak

የጀርባ ቦርሳ

školská taška

የእርሳ መያዣ

peračník

እርሳ

ceruza

የእርሳ መቅረጫ

strúhadlo na ceruzky

ላጲ

guma

የ ዕል ደብተር

skicár

ስዕል
............
kresba

የቀለም ብሩሽ
............
štetec

የቀለም ሳጥን
............
vodové farby

መቀስ
............
nožnice

ማጣበቂያ
............
lepidlo

መልመጃ ደብተር
............
cvičný zošit

የቤት ስራ
............
domáca úloha

ቁጥር
............
číslo

መደመር
............
sčítať

መቀነስ
............
odčítať

ማባዛት
............
násobiť

ቁጥሮችን ማስላት
............
počítať

ደብዳቤ
............
písmeno

ፊደላት
............
abeceda

ቃል
............
slovo

ፅሑፍ

text

ማንበብ

čítať

ጠመኔ

krieda

ትምህርት

hodina

ምዝገባ

triedna kniha

ፈተና

skúška

ሰርተፊኬት

certifikát

የትምህርት ቤት የደንብ ልብስ

školská uniforma

ትምህርት

vzdelanie

አዉደ ጥበብ

encyklopédia

ዩኒቨርስቲ

univerzita

የምርምር አጉሊ መሳርያ

mikroskop

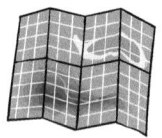

ካርታ

mapa

የቆሻሻ ወረቀት መጣያ ቅርጫት

kôš na papier

ሆቴል
hotel
Grand
ማረፊያ ቤት
nocľaháreň
ROOMS
የውጭ ገንዘብ ምንዛሪ ቢሮ
zmenáreň
EXCHANGE
ልብስ መያዣ ሻንጣ
kufor
መኪና
auto

ቋንቋ
.................
jazyk

አዎ/ አይደለም
.................
áno/nie

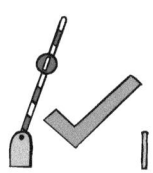

ሺ
.................
v poriadku

ሳም
.................
ahoj

አስተርጓሚ
.................
prekladateľ

አመ ግናለሁ
.................
ďakujem

ስንት ነዉ.......?

Koľko stojí ... ?

አልገባኝም

Nerozumiem

እክል

problém

እንደምን አመሹ!

Dobrý večer!

እንደምን አደሩ!

Dobré ráno!

መልካም ምሽት!

Dobrú noc!

ደህና ይሰንብቱ

Dovidenia

አቅጣጫ

smer

ሻንጣ

batožina

ቦርሳ

taška

የጀርባ ቦርሳ

batoh

እንግዳ

hosť

ክፍል

izba

የመተኛ ቦርሳ

spacák

ድንኳን

stan

የጎብኚዎች መረጃ

..................

informácie pre turistov

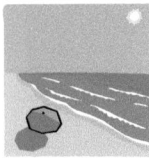

የባህር ዳርቻ

..................

pláž

ክሬዲት ካርድ

..................

kreditná karta

ቁርስ

..................

raňajky

ምሳ

..................

obed

እራት

..................

večera

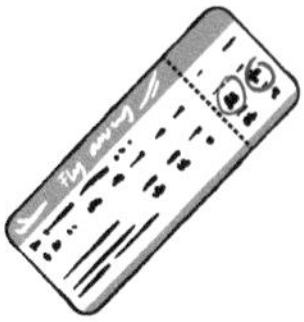

ቲኬት

..................

cestovný lístok

አሳንሰር

..................

výťah

ማህተም

..................

poštová známka

ድንበር

..................

hranica

ባህሎች

..................

clo

ኤምባሲ

..................

veľvyslanectvo

ቪዛ/የይለፍ ወረቀት

..................

vízum

ፓስፖርት

..................

cestovný pas

# መጓጓዣ

## doprava

አዉ ፕላን
lietadlo
መርከብ
loď
የእሳት አደጋ መኪና
požiarnické auto
autobus
የጭነት መኪና
nákladné auto
የሞተር ጀልባ
motorový čln
ብስክሌት
bicykel
መኪና
auto

የማመላለሻ ጀልባ

trajekt

ጀልባ

loď

የሞተር ብስክሌት

motorka

የፖሊስ መኪና

policajné auto

የዉድድር መኪና

pretekárske auto

የኪራይ መኪና

vozidlo z požičovne

የመኪና መጋራት

carsharing

ጎታች መኪና

odťahové auto

የቆሻሻ ጭነት መኪና

smetiarske auto

ሞተር

motor

ነዳጅ

benzín

የቤንዚን ማደያ

čerpacia stanica

የመንገድ ምልክት

dopravná značka

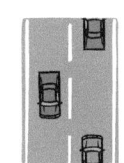

የመኪኖች እንቅስቃሴ

premávka

የመኪና መጨናነቅ

zápcha

የመኪና ማቆሚያ

parkovisko

የባቡር ጣቢያ

vlaková stanica

የባቡር ሀዲዶች

trate

ባቡር

vlak

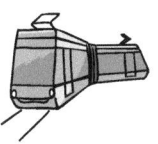

የኤሌክትሪክ ባቡር

električka

ሰረገላ

vagón

ሄሊኮፕተር

helikoptéra

አየር ማረፊያ

letisko

ማማ

veža

መንገደኛ

pasažier

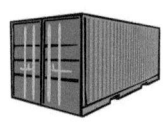

ማስቀመጫ፤ ማጠራቀሚያ

kontajner

ካርቶን እቃ ማሸጊያ

kartón

ጋሪ፤ ተሳቢ

vozík

ቅርጫት

kôš

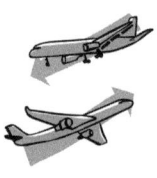

መነሳት/ ማረፍ

štartovať / pristáť

## ከተማ

## mesto

መንደር

dedina

የከተማ ማዕከል

centrum mesta

ቤት

dom

kino
ማስታወቂያ
reklama
የመንገድ ዳር መብራት
pouličná lampa
መንገድ
ulica
ታክሲ
taxík
የቁርስ መቆያ ሱቅ
stánok
እግረኛ
chodec
ድንጋይ የተነጠፈበት የእግረኛ መንገድ
chodník
የእግረኛ መሻገሪያ
prechod pre chodcov
የቆሻሻ ማጠራቀሚያ
kontajner
ማቋረጫ
križovatka
የትራፊክ መብራቶች
semafór

ጎጆ

chata

አፓርታማ

byt

የባቡር ጣቢያ

vlaková stanica

የከተማ አዳራሽ

radnica

ቤተ መዘክር

múzeum

ትምህርት ቤት

škola

ዩኒቨርስቲ

..................

univerzita

ባንክ

..................

banka

ሆስፒታል

..................

nemocnica

ሆቴል

..................

hotel

መድሐኒት ቤት

..................

lekáreň

ቢሮ

..................

kancelária

መፅሐፍ መሸጫ

..................

kníhkupectvo

ሱቅ

..................

obchod

የአበባ መሸጫ

..................

kvetinárstvo

የሸቀጣ ሸቀጥ መደብር

..................

supermarket

ገበያ ስፍራ

..................

trh

መደብር

..................

obchodný dom

የዓሳ ነጋዴ

..................

obchodník s rybami

የገበያ ማዕከል

..................

nákupné stredisko

ወደብ

..................

prístav

መናፈሻ ቦታ
............
park

አግዳሚ ወንበር
............
lavička

ድልድይ
............
most

ደረጃዎች
............
schody

ዉስጥ ለዉስጥ
............
metro

ዋሻ
............
tunel

የአዉቶቡስ ፌርማታ
............
autobusová zastávka

ባር
............
bar

ምግብ ቤት
............
reštaurácia

የፖስታ ሳጥን
............
poštová schránka

የመንገድ ምልክት
............
tabuľa s názvom ulice

የመኪና ማቆሚያ ሒሳብ የሚያሰላ
....ማሽን....
parkovacie hodiny

የደር እንስሳት ማቆያ
............
ZOO

የመዋኛ ገንዳ
............
plaváreň

መስጊድ
............
mešita

እርሻ

farma

የሚበክል ነገር

znečisťovanie životného prostredia

መቃብር ስፍራ

cintorín

ቤተ ክርስቲያን

kostol

መጫወቻ ሜዳ

ihrisko

ቤተ መቅደስ

chrám

## መልከዓምድር

## terén

ቅጠል
list

የመንገድ ላይ ምልክት
smerová tabuľa

መንገድ
cesta

አረንጓዴ መስክ
lúka

ድንጋይ
kameň

በእግሩ የሚጓዝ
turista

ዛፍ
strom

ወንዝ
rieka

ሳር
tráva

አበባ
kvet

ሸለቆ
dolina

ኮረብታ
kopec

ሀይቅ
jazero

ጫካ
les

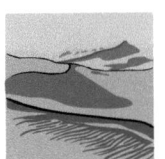

በረሃ
púšť

እሳተ ገሞራ
vulkán

ግምብ
zámok

ቀስተ ዳመና
dúha

እንጉዳይ
hríb

የቴምብር ዛፍ/ ዘንባባ
palma

ቢንቢ/ የወባ ትንኝ
komár

በራሪ
mucha

ጉንዳን
mravec

ንብ
včela

ሸረሪት
pavúk

ጢንዚዛ

chrobák

እንቁራሪት

žaba

ሽኮኮ

veverička

ጃርት

jež

ጥንቸል

zajac

ጉጉት ወፍ

sova

ወፍ

vták

የዉሃ ዳክዬ

labuť

ከርከሮ

diviak

አጋዘን

jeleň

አጋዘን

los

ግድብ

hrádza

በነፋስ የሚሽከረከር

veterná turbína

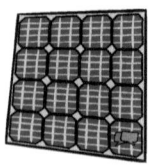

የፀሀይ ፓኔሎ

solárny panel

አየር ንብረት

podnebie

አስተናጋጅ
čašník

ማዉጫ
jedálny lístok

ወንበር
stolička

ሾርባ
polievka

ፒዛ
pizza

የጠረጴዛ ጨርቅ
obrus

መክተፊያ
príbor

የምግብ ፍላጎትን የሚከፍት
···ምግብ···
predjedlo

ዋና ምግብ
................
hlavné jedlo

ማጣጣሚያ ተከታይ ምግብ
................
zákusok

መጠጦች
................
nápoje

ምግብ
................
jedlo

ጠርሙስ
................
fľaša

ፈጣን ምግብ

fast-food

የመንገድ ምግብ

street food

የሻይ ማንቆርቆሪያ

kanvica na čaj

የስኳር እቃ

cukornička

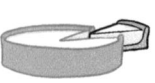

ድርሻ

porcia

የቡና ማፊያ ማሽን

stroj na espresso

ባለጌ ወንበር

detská stolička

የክፍያ ደረሰኝ

účet

ትሪ

podnos

ቢላዋ

nôž

ሹካ

vidlička

ማንኪያ

lyžica

የሻይ ማንኪያ

čajová lyžička

ልብስ ምግብ እንዳይነካ የሚረዳ ጨርቅ

obrúsok

ብርጭቆ

pohár

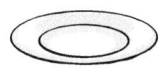

ዝርግ ሰሀን

...................

tanier

የሾርባ ጎድጓዳ ሰሀን

...................

hlboký tanier

የስኒ ማስቀመጫ

...................

podšálka

ማጣፈጫ ስጎ

...................

omáčka

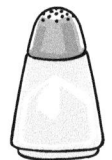

የጨው እቃ

...................

soľnička

የተፈጨ ቃሪያ

...................

mlynček na korenie

ኮምጣጤ

...................

ocot

የምግብ ዘይት

...................

olej

ቀመማ ቅመሞች

...................

korenie

የቲማቲም ድልህ

...................

kečup

ሰናፍጭ

...................

horčica

ማዮኒዝ

...................

majonéza

# የሸቀጣ ሸቀጥ መደብር

## supermarket

ልዩ አቅራቦት
špeciálna ponuka
FOR
ደምበኛ
klient
የወተት ተዋፅዖ
mliečne výrobky
ፍራፍሬ
ovocie
ባለ ጎማ የእጅ ጋሪ
nákupný vozík

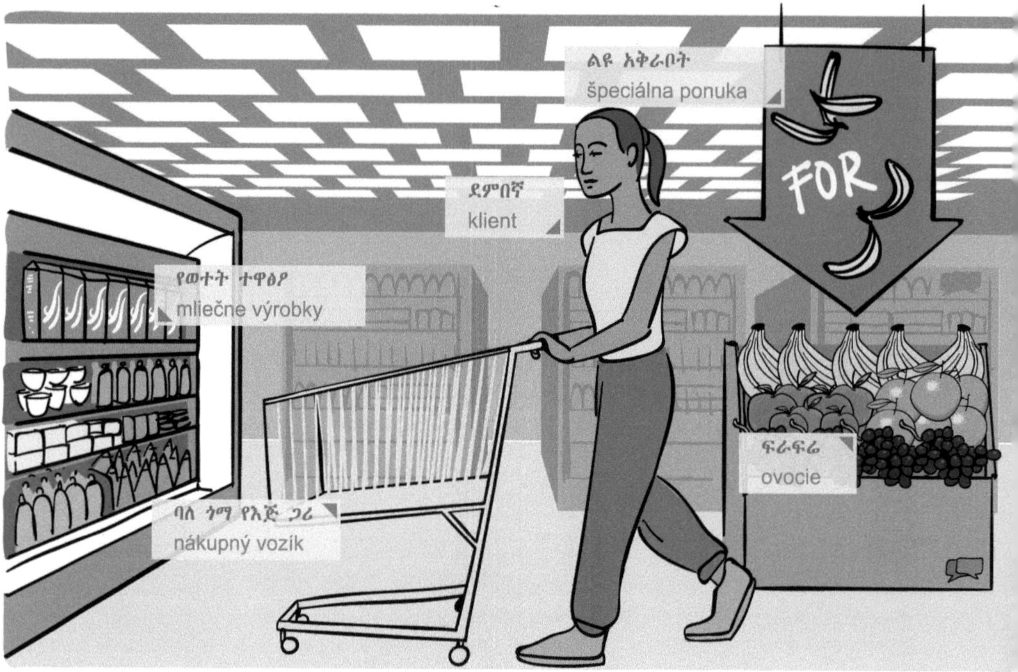

ሉካንዳ ነጋዴ

..................

mäsiarstvo

መጋገርያ

..................

pekáreň

ክብደት መመዘን

..................

vážiť

ቅጠላ ቅጠል አትክልት

..................

zelenina

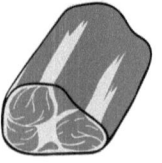

ስጋ

..................

mäso

የቀዘቀዘ/የረጋ ምግብ

..................

mrazené potraviny

ቀዝቃዛ ቁራጮ
................
nárez

የታሸገ ምግብ
................
konzervy

የማጠቢያ ዱቄት
................
prací prostriedok

ጣፋጮች
................
sladkosti

የቤት ዉስጥ ዉጤቶች
................
domáce potreby

የፅዳት ምርቶች
................
čistiace prostriedky

የሽያጭ ባለሙያ
................
predavačka

የገንዘብ መመዝገቢያ ማሽን
................
pokladňa

የሒሳብ ሰራተኛ
................
pokladník

የግዢ ዝርዝር
................
nákupný zoznam

ክፍት ሰዓታት
................
otváracie hodiny

የኪስ ቦርሳ
................
peňaženka

ክሬዲት ካርድ
................
kreditná karta

ቦርሳ
................
taška

የፕላስቲክ ቦርሳ
................
plastové vrecko

# መጠጦች
# nápoje

ዉሃ

voda

ጭማቂ

džús

ወተት

mlieko

ኮካ-ኮላ

kola

ወይን

víno

ቢራ

pivo

አልኮል

alkohol

ኮካ

kakao

ሻይ

čaj

ቡና

káva

የተፈላ ቡና

espresso

ካፑቺኖ

kapučíno

# ምግብ

## jedlo

ሙዝ

..................

banán

ፖም

..................

jablko

ብርቱካን

..................

pomaranč

ሀብሀብ

..................

melón

ሎሚ

..................

citrón

ካሮት

..................

mrkva

ነጭ ሽንኩርት

..................

cesnak

ሽምበቆ

..................

bambus

ቀይ ሽንኩርት

..................

cibuľa

እንጉዳይ

..................

hríb

ለዉዝ

..................

orechy

የህፃናት ምግብ

..................

rezance

ፓስታ

špagety

ሩዝ

ryža

ሰላጣ

šalát

የድንች ጥብስ

hranolky

ድንች ጥብስ

pečené zemiaky

ዛ

pizza

ዳቦ ዉስጥ በስሱ ተጠብሶ የገባ ስጋ

hamburger

ሳንድዊች

obložený chlebík

ጥሬ ስጋ

rezeň

የአሳማ ስጋ

šunka

በቅመምና በጨዉ የታሸ ምግብ ቀዝቅዞ የሚበላ ሾርባ ምግብ

saláma

ቋሊማ

klobása

ዶሮ

kurča

ጥብስ

pečené mäso

አሳ

ryba

የአጃ ገንፎ

ovsené vločky

ከወተት ጋር ተደባልቀዉ የሚበሉ ምግቦች

müsli

የበቆሎ ቅርፊት

kukuričné lupienky

ዱቄት

múka

ኩራሳ

croissant

ድብልብል ዳቦ

pečivo

ዳቦ

chlieb

መጥበስ

hrianka

ብስኩት

sušienky

ቅቤ

maslo

እርጎ

tvaroh

ኬክ

koláč

እንቁላል

vajce

እንቁላል ጥብስ

volské oko

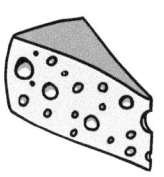

አይብ

syr

የበረዶ ክሬም
...............
zmrzlina

ስኳር
...............
cukor

ማር
...............
med

ማርማላት
...............
lekvár

የተናጠ የወተት ክሬም
...............
nugátová nátierka

ማጣፈጫ
...............
karí korenie

የገበሬ ቤት
sedliacky dom
የእህልና የከብት ማቀመጫ ቤት
stodola
የጭድ ክምር
stoch slamy
ሜዳ
pole
ፈረስ
kôň
ተሳቢ መኪና
príves
የፈረስ ዉርንጭላ
žriebä
የእርሻ መኪና
traktor
አህያ
somár
በግ
ovca
የበግ ጠቦት
jahňa

ፍየል

koza

ላም

krava

ጥጃ

teľa

አሳማ

prasa

ግልገል አሳማ

prasiatko

ኮርማ

býk

ዝይ

hus

ዳክዬ

kačica

የዶሮ ጫጩት

kuriatko

ዶር

sliepka

አውራ ዶሮ

kohút

አይጥ

potkan

ደድመት

mačka

አይጥ

myš

በሬ

vôl

ውሻ

pes

የውሻ ቤት

psia búda

የአትክልት ቦታ

záhradná hadica

ውሃ ማጠጫ ባልዲ

krhla

ረጅም ማጭድ

kosa

ማረሻ

pluh

ማጭድ

kosák

መኮትኮቻ

motyka

የእህል መንሽ

vidly na hnoj

መጥረቢያ

sekera

ኩርኩር/ የእጅ ጋሪ

fúrik

ገንዳ

koryto

የወተት ዕቃ

kanva na mlieko

ጆንያ ከረጢት

vrece

አጥር

plot

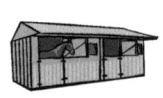

የፈረስ ጋጣ

maštaľ

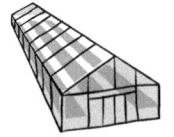

ዕፅዋት ማሳደጊያ የመስታዉት ቤት

skleník

አፈር

pôda

ዘር

osivo

የመሬት ማዳበሪያ

hnojivo

ጥምር ማረሻ

kombajn

አዝመራ መሰብሰብ

žať

አዝመራ

žatva

ድንች

batát

ስንዴ

pšenica

ሶያ

sója

ድንች

zemiak

በቆሎ

kukurica

የከብት መኖ

repka

የፍሬ ዛፍ

ovocný strom

የካሳቫ ዛፍ

maniok

እህል

obilie

# ቤት

# dom

የጢስ ማውጫ
komín
ጣራ
strecha
dažďový odkvap
መስኮት
okno
ጋራዥ
garáž
የበር ደወል
zvonček
በር
dvere
የቆሻሻ ማጠራቀሚያ
odpadkový kôš
ፖስታ ሳጥን
poštová schránka
የአትክልት ቦታ
záhrada

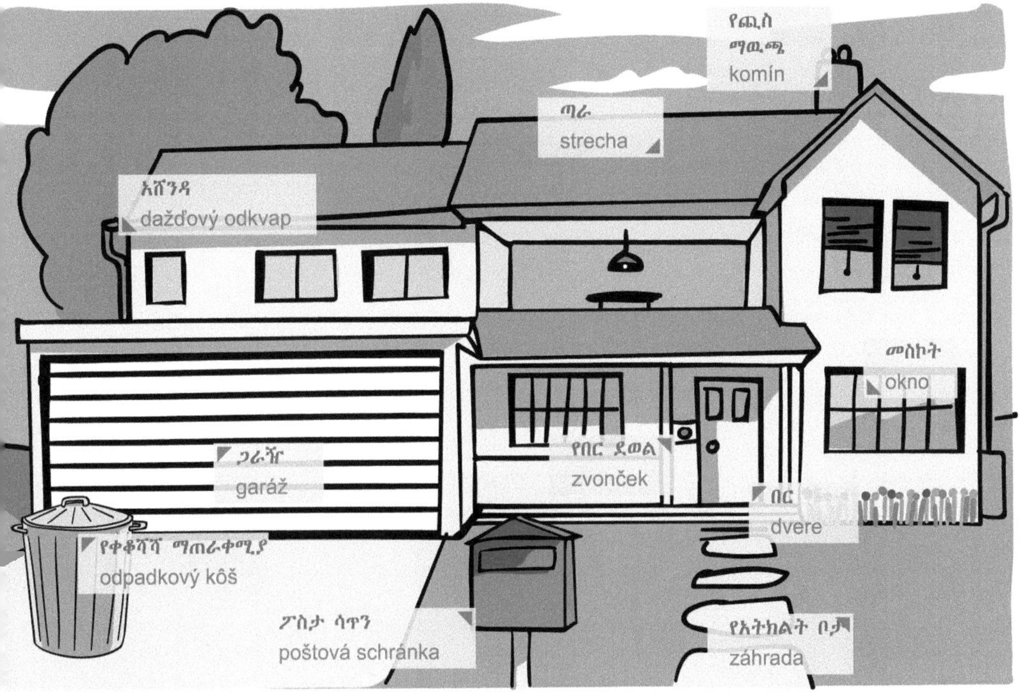

ሳሎን

.................

obývačka

መታጠቢያ ቤት

.................

kúpeľňa

ማድቤት

.................

kuchyňa

መኝታ ቤት

.................

spálňa

የልጅ ክፍል

.................

detská izba

መመገቢያ ክፍል

.................

jedáleň

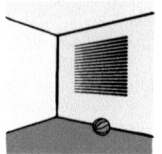

ወለል

podlaha

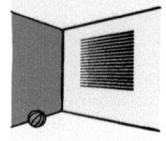

ግድግዳ

stena

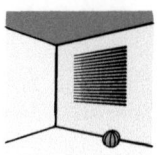

ጣሪያ

strop

ምድር ቤት

pivnica

በእንፋሎት ሙቀት መታጠቢያ ቤት

sauna

ሰገነት

balkón

ከፍ ያለ መደብ

terasa

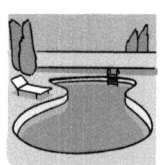

የመዋኛ ገንዳ

bazén

የማጨጃ መኪና

kosačka

አንሶላ

obliečka

የአልጋ ልብስ

posteľná prikrývka

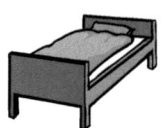

አልጋ

posteľ

መጥረጊያ

metla

ባልዲ

vedro

ማብሪያና ማጥፊያ

vypínač

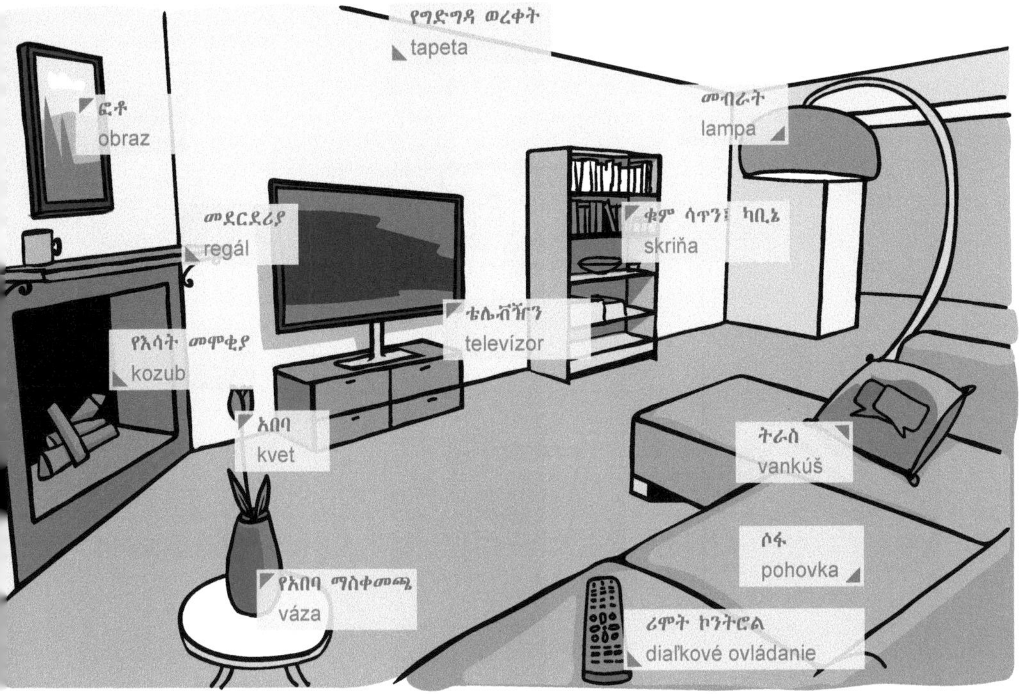

የግድግዳ ወረቀት
tapeta

መብራት
lampa

ፎቶ
obraz

መደርደሪያ
regál

ቁም ሳጥን፣ ካቢኔ
skriňa

የእሳት መሞቂያ
kozub

ቴሌቭዥን
televízor

አበባ
kvet

ትራስ
vankúš

ሶፋ
pohovka

የአበባ ማስቀመጫ
váza

ሪሞት ኮንትሮል
diaľkové ovládanie

---

ንጣፍ
koberec

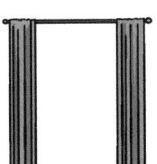

መጋረጃ
záclona

ጠረጴዛ
stôl

ወንበር
stolička

ተወዛዋዥ ወንበር
hojdacie kreslo

ባለመደገፊያ ወንበር
kreslo

መጽሐፍ

kniha

ብርድ ልብስ

prikrývka

ጌጥ

dekorácia

ማገዶ

drevo na kúrenie

ፊልም

film

የሙዚቃ መማጫወቻ

hi-fi veža

ቁልፍ

kľúč

ጋዜጣ

noviny

ስዕል

maľba

የተለጠፈ ማስታወቂያ እንደ ስዕል

plagát

ራዲዮ

rádio

ማስታወሻ ደብተር

zápisník

የአየር ማፅጃ ለምንጣፍ

vysávač

ቁልቋል

kaktus

ሻማ

sviečka

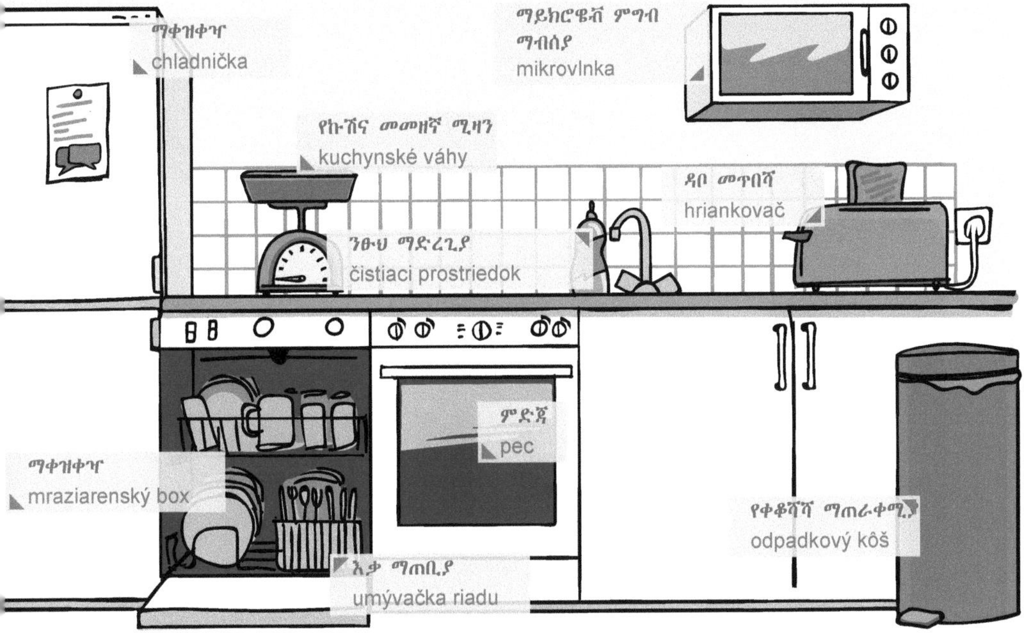

ማቀዝቀዣ
chladnička
ማይክሮዌቭ ምግብ ማብሰያ
mikrovlnka
የኩሽና መመዘኛ ሚዛን
kuchynské váhy
ዳቦ መጥበሻ
hriankovač
ንፁህ ማድረጊያ
čistiaci prostriedok
ምድጃ
pec
ማቀዝቀዣ
mraziarenský box
የቆሻሻ ማጠራቀሚያ
odpadkový kôš
እቃ ማጠቢያ
umývačka riadu

ምግብ አብሳይ
.................
sporák

ማሰሮ
.................
hrniec

የብረት ማሰሮ
.................
železný hrniec

ምግብ ማብሰያ ዝርግ ድስት
.................
wok / kadai

የምግብ መጥበሻ
.................
panvica

ማንቆርቆሪያ
.................
rýchlovarná kanvica

የእንፋሎት ማብሰያ

parný hrniec

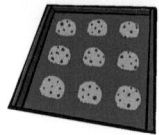

የመጋገሪያ ትሪ

plech na pečenie

ሰብስቦች

riad

ትልቅ ኩባያ

pohár

ጎድጓዳ ሳህን

misa

ቾፕስቲክስ

paličky

ጭልፋ

naberačka na polievku

መሰቅሰቂያ ዝርግ ማንኪያ

stierka

ማደባለቂያ

metlička

መወጠሪያ

cedidlo

ወንፊት

sitko

መፈርፈሪያ መሳሪያ

strúhadlo

ሲሚንቶ

mažiar

የፍም ጥብስ

gril

የተለቀቀ እሳት

ohnisko

መክተፊያ

..................

doska na krájanie

ተንሸራታች መርፌ

..................

valček na cesto

የጠርሙስ መክፈቻ

..................

vývrtka

ጣሳ

..................

konzerva

የጣሳ መክፈቻ

..................

otvárač na konzervy

የማሰሮ መሸፈኛ

..................

chňapka

ሳህን ማጠቢያ

..................

výlevka

ብሩሽ

..................

kefa

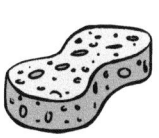

ስፖንጅ

..................

hubka

መደባለቂያ መሳሪያ

..................

mixér

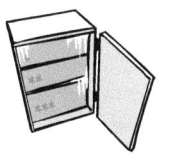

በጣም ማቀዝቀዣ

..................

mraznička

ጡጦ

..................

kojenecká fľaša

ቧንቧ

..................

vodovodný kohútik

# መታጠቢያ ቤት
# kúpeľňa

ማሞቂያ
kúrenie
ፎጣ
uterák
መታጠቢያ
sprcha
የመታጠቢያ ቤት መጋረጃ
sprchový záves
የአረፋ መታጠቢያ
pena do kúpeľa
የመታጠቢያ ገንዳ
vaňa
ብርጭቆ
pohár
የልብስ ማጠቢያ
práčka
ቧንቧ
vodovodný kohútik
ማዕዘን ወለል
dlaždice
nočník
ሳህን ማጠቢያ
výlevka

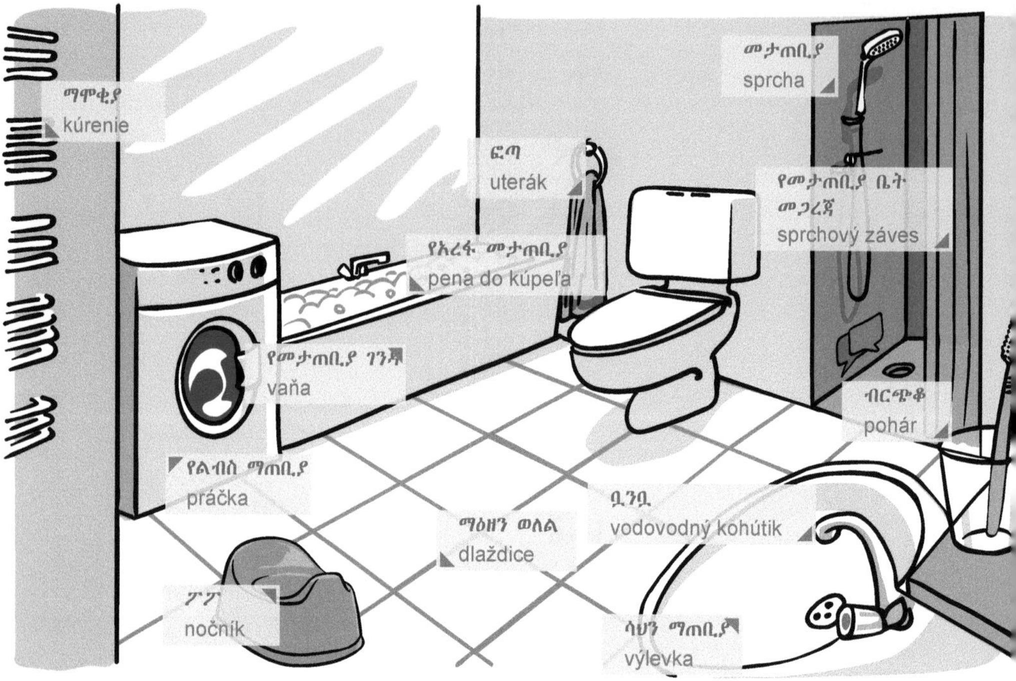

ሽንት ቤት

záchod

የሽንት ቤት መቀመጫ

suchý záchod

ሳፋ

bidet

የመንገድ ዳር መሽኛ

pisoár

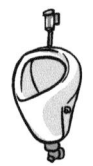

የሽንት ቤት ወረቀት

toaletný papier

የሽንት ቤት ማፅጃ ብሩሽ

záchodová kefa

የጥርስ ብሩሽ

zubná kefka

የጥርስ ሳሙና

zubná pasta

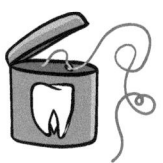

የጥርስ ማፅጃ ክር

dentálna niť

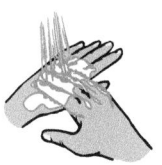

መታጠብ

umývať

የእጅ መታጠቢያ

ručná sprcha

መታጠቢያ

sprcha pre intímnu hygienu

ጎድጓዳ ሳህን

umývadlo

የጀርባ ብሩሽ

kefa na chrbát

ሳሙና

mydlo

መታጠቢያ የሚዝለገለግ ሳሙና

sprchový gél

የፀጉር መታጠቢያ ሳሙና

šampón

ለስላሳ ጨርቅ

frotírová rukavica

ፍሳሽ

odtok

ክሬም

krém

ጠረን መቀየሪያ ንጥረ ነገር

dezodorant

መስታወት
zrkadlo

የእጅ መስታወት
kozmetické zrkadlo

ምላጭ
žiletka

የመላጫ አረፋ
pena na holenie

ከመላጨት በኋላ የሚቀባ ሽቱ
voda po holení

ማበጠሪያ
hrebeň

ብሩሽ
kefa

የፀጉር ማድረቂያ
sušič vlasov

በፀጉር ላይ የሚነፋ
sprej na vlasy

የፊት መቀባቢያ
make-up

የከንፈር ቀለም
rúž

የጥፍር ቀለም
lak na nechty

የጥጥ ሱፍ
vata

ጥፍር መቁረጫ
nožnice na nechty

ሽቶ
parfum

ማጠቢያ ባልዲ

kozmetická taška

መቀመጫ

stolček

ሚዛን

váha

የመታጠቢያ ልብስ

kúpací plášť

የላስቲክ ጓንት

gumové rukavice

ሞዴስ

tampón

የፅዳት ፎጣ

menštruačná vložka

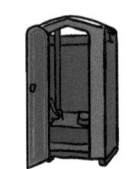

የሽንት ቤት ኬሚካል

chemické WC

# የልጅ ክፍል
## detská izba

የማንቂያ ደዉል ሰዐት
budík
የህፃን አሻንጉሊት
plyšová hračka
የመጫወቻ መኪና
hračkárske auto
hrkálka
የአሻንጉሊት ቤት
domček pre bábiky
ስጦታ
dar

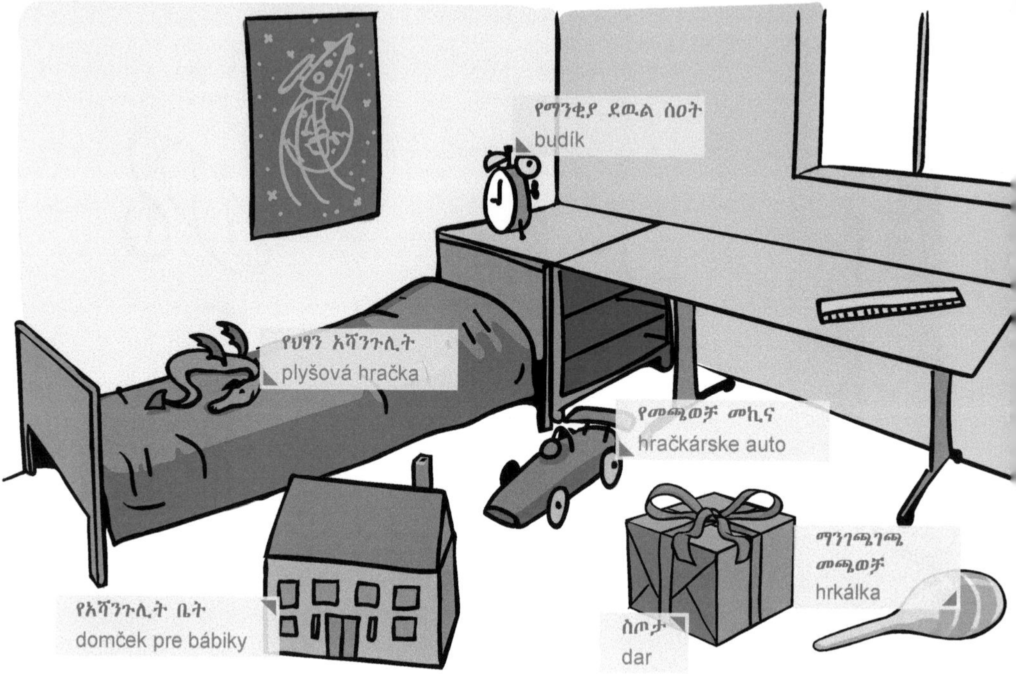

ፊኛ

balón

አልጋ

posteľ

የህፃን ማንሸራሸሪያ ጋሪ

detský kočík

የካርታ መጫወቻ

karty

ቁርጥራጭ ምስሎችን የማገጣጠም እና ምስል የማግኘት ጨዋታ

puzzle

አዝናኝ

komix

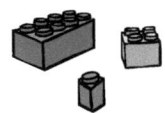

ተገጣጣሚ መጫወቻ

skladačka lego

የመጫወቻ መገጣጠሚያዎች

stavebnica

የድርጊት ምስል

akčná postavička

የህፃን እድገት

dupačky

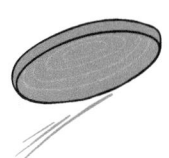

የፕላስቲክ መጫወቻ ዝርግ ሰሀን

lietajúci tanier

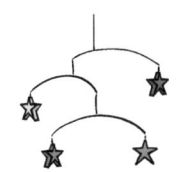

ተወዛዋዥ የህፃን ማጫወቻ

závesné hračky

የሰሌዳ ጨዋታ

stolová hra

የመጫወቻ ጠጠር

kocka

የመጫወቻ ባቡር

modelový vláčik

የእንጀራ እናት ጡጦ

cumlík

ድግስ

párty

የስዕል መፅሀፍ

obrázková kniha

ኳስ

lopta

አሻንጉሊት

bábika

መጫወት

hrať sa

የአሸዋ መጫወቻ

pieskovisko

ዥዋዥዌ

hojdačka

መጫወቻዎች

hračky

የቪዲዮ መጫወቻ

hracia konzola

ባለ ሶስት ጎማ ብስክሌት

trojkolka

የአሻንጉሊት ድብ

medvedík

ቁምሳጥን

šatník

# አልባሳት

# šatstvo

ካልሲዎች

ponožky

ስቶኪንጎች

pančuchy

ታይት

pančuchové nohavičky

የአንገት ልብስ
šál

ጥንጥላ
dáždnik

ክናቴራ
tričko

ቀበቶ
opasok

ቦቲ
čižmy

የቤት ዉስጥ ነጠላ ጫማ
papuče

ስኒከሮች
tenisky

ነጠላ ጫማዎች
sandále

ጫማዎች
topánky

የዝናብ ቡትስ
gumáky

ሙታንታ
spodky

ጡት መያዣ
podprsenka

ሰደርያ
tielko

ሰዉነት

body

ሱሪዎች

nohavice

ጅንስ

džínsy

ጉርድ ቀሚስ

sukňa

ሸሚዝ

blúzka

ሸሚዝ

košeľa

የሚጠለቅ ሹራብ

pulóver

ሹራብ

sveter

ዩኒፎርም ጃኬት

blejzer

ጃኬት

bunda

ኮት

kabát

የዝናብ ኮት

pršiplášť

ልብስ

kostým

ቀሚስ

šaty

የሙሽራ ቀሚስ

svadobné šaty

ሱፍ

oblek

የለሊት ልብስ

nočná košeľa

የለሊት ልብስ

pyžamo

ረጅም ቀሚስ

sari

ሂጃብ

šatka na hlavu

ጥምጣም

turban

ቡርቃ

burka

ሸርጥ

kaftan

አባያ

abaja

የዋና ልብስ

dvojdielne plavky

አጭር ቁምጣ

plavky

ቁምጣዎች

šortky

የስራ ቱታ

tepláková súprava

ሸርጥ

zástera

ጓንት

rukavice

ቁልፍ

gombík

መነፅር

okuliare

አምባር

náramok

የአንገት ሀብል

retiazka

ቀለበት

prsteň

የጆሮ ጌጥ

náušnica

ኮፍያ

čiapka

የኮት መስቀያ

vešiak

ኮፍያ

klobúk

ከረቫት

kravata

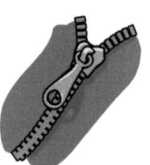

ዚፕ

zips

የብረት ቆብ

prilba

መደገፊያ

traky

የትምህርት ቤት የደንብ ልብስ

školská uniforma

የደንብ ልብስ

uniforma

መሃረብ

podbradník

የእንጀራ እናት ጡጦ

cumlík

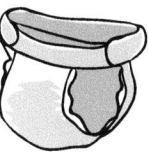

ሽንት ጨርቅ

plienka

# ቢሮ

# kancelária

ማሰራጫ ጣቢያ
server
የፋይል መደርደሪያ ካቢኔ
skriňa na spisy
ወረቀት
papier
የህትመት መሳሪያ
tlačiareň
መቆጣጠሪያ
monitor
ማዉዝ
myš
መፃፊያ ጠረጴዛ
písací stôl
ማህደር
zakladač
የመፃፊ ቁልፎች
klávesnica
የቆሻሻ ወረቀት መጣያ ቅርጫት
kôš na papier
ኮምፒዉተር
počítač
ወንበር
stolička

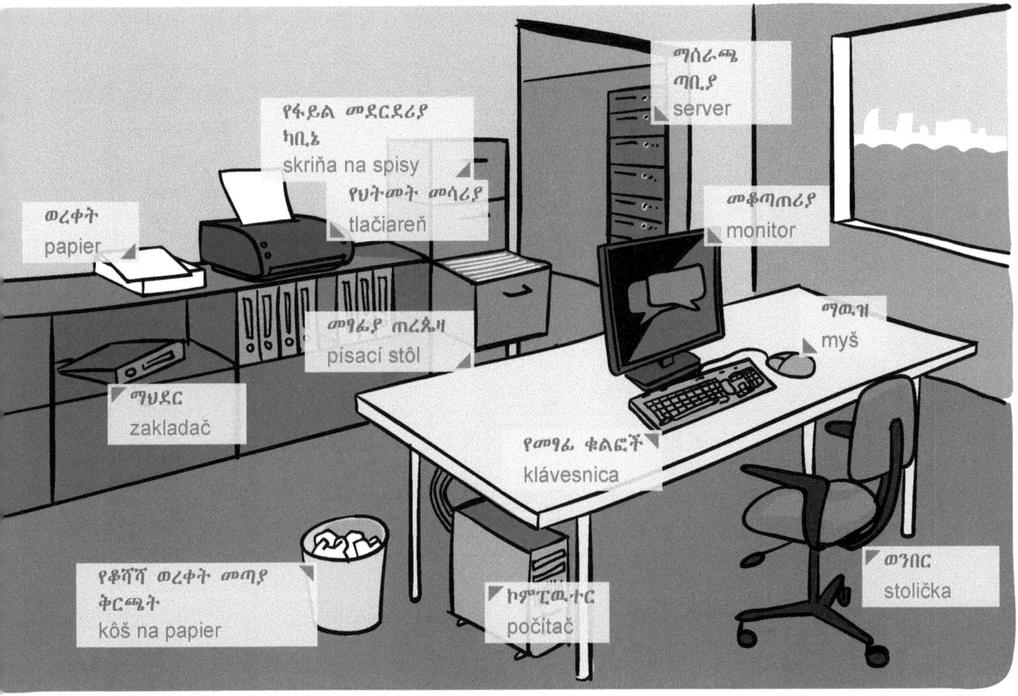

የቡና መጠጫ ትልቅ ኩባያ

hrnček na kávu

ማስልያ ማሽን

kalkulačka

ኢንተርኔት

internet

ላፕቶፕ

laptop

ደብዳቤ

list

መልዕክት

správa

ተንቀሳቃሽ ስልክ

mobil

የግንኙነት አዉታር

sieť

ማባዣ ማሽን

kopírka

ሶፍትዌር

softvér

ስልክ

telefón

የግድግዳ ሶኬት

elektrická zásuvka

የፋክስ ማሽን

fax

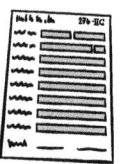

ቅፅ

formulár

ሰነድ

doklad

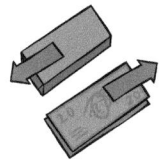

መግዛት

kúpiť

መክፈል

platiť

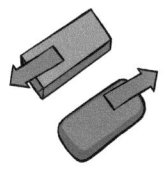

መነገድ

obchodovať

ገ ዘብ

peniaze

ላር

dolár

ዩሮ

euro

jen

ሩብል

rubeľ

ስዊዝ ፍራ ክ

švajčiarsky frank

ሚ ቢ ዩዋ

čínsky jüan

ሩጲ

rupia

ገ ዘብ ነጥብ

bankomat

የዉጭ ገንዘብ ምንዛሪ ቢሮ

zmenáreň

ወርቅ

zlato

ብር

striebro

ዘይት

ropa

ሀይል፤ ጉልበት

energia

ዋጋ

cena

ግንኙነት

zmluva

ቀረጥ

daň

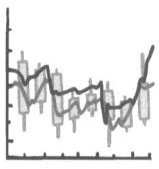

አክስዮን

akcia

መስራት

pracovať

ተቀጣሪ

zamestnanec

ቀጣሪ

zamestnávateľ

ፋብሪካ

továreň

ሱቅ

obchod

የፖሊስ አዛዥ
policajt
የእሳት አደጋ ሰራተኛ
hasič
ምግብ አብሳይ
kuchár
ዶክተር
lekár
አብራሪ
pilót

አትክልተኛ

záhradník

አናጢ

stolár

ልብስ ሰፊ ሴት

krajčírka

ዳኛ

sudca

ቀማሚ

chemik

ተዋናይ

herec

የአዉቶቢስ ሹፌር

vodič autobusu

የታክሲ ሹፌር

taxikár

አሳ አጥማጅ

rybár

ፅዳት ሰራተኛ

upratovačka

የጣራ ሰራተኛ

pokrývač

አስተናጋጅ

čašník

አዳኝ

poľovník

ሰዓሊ

maliar

ጋጋሪ

pekár

የኤሌትሪክ ሰራተኛ

elektrikár

ገምቢ

stavebný robotník

መሃሃዲስ

inžinier

ልኳንዳ

mäsiar

የቧንቧ ሰራተኛ

klampiar

የፖስታ ሰራተኛ

poštár

ወታደር
................
vojak

መሃንዲስ
................
architekt

የሒሳብ ሰራተኛ
................
pokladník

አበባ ሻጭ
................
kvetinár

የፀጉር ሰራተኛ
................
kaderník

ቲኬት ቆራጭ
................
sprievodca

መካኒክ
................
mechanik

ካፒቴን
................
kapitán

የጥርስ ሐኪም
................
zubár

ተመራማሪ
................
vedec

መምህር
................
rabín

የሙስሊም ሃይማኖታዊ መሪ
................
imám

መነኩሴ
................
mních

ካህን
................
farár

# መሳሪያዎች

# náradie

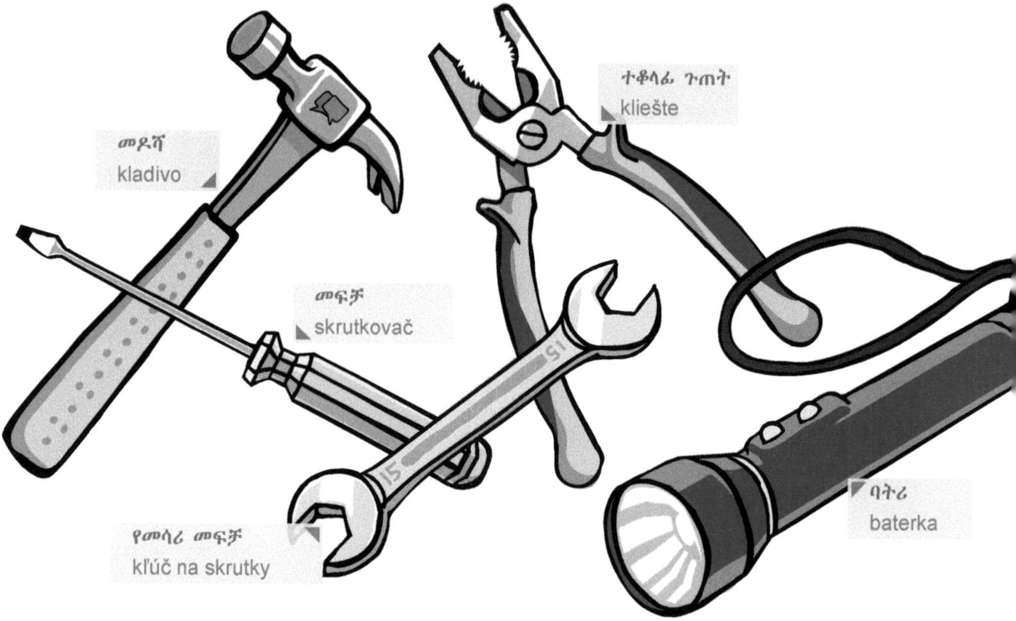
መዶሻ
kladivo
ተቆላፊ ጉጠት
kliešte
መፍቻ
skrutkovač
የመሳሪ መፍቻ
kľúč na skrutky
ባትሪ
baterka

በቁፋሮ የሚዝቅ

bager

የመፍቻ ሳጥን

súprava náradia

መሰላል

rebrík

መጋዝ

pílka

ምስማር

klince

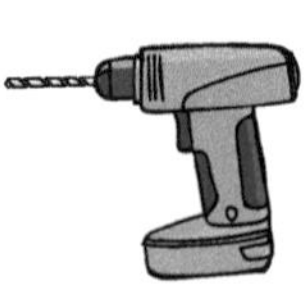

መሰርሰሪያ

vrták

መጠገን

opraviť

አካፋ

lopata

ተረገመ!

Do čerta!

ቆሻሻ ማፈሻ

lopatka na smeti

ቀለም ቆርቆሮ

nádoba s farbou

ብሎን

skrutky

## የሙዚቃ መሳሪያዎች

## hudobné nástroje

ድምፅ ማጉያ መሳርያ
reproduktor
bicie
ክራር መሰል ሙዚቃ መሳሪያ
gitara
ድርብ ቤዝ ጊታር
kontrabas
ትንፋሽ ሙዚቃ መሳሪያ
trúbka

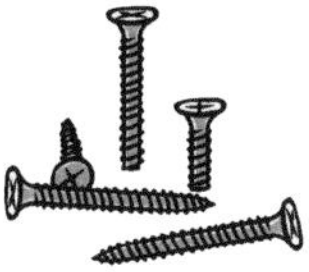

ፒያኖ

klavír

ቫዮሊን

husle

ወፍራም ፤ ጎርናና ድምፅ ያለዉ
ክራር መሰል ሙዚቃ መሳሪያ

basa

ነጋሪት

tympany

ከበሮ

bubon

በኤሌክትሪክ የሚሰራ ፒኖ

klávesnica

የትንፋሽ ሙዚቃ መሳሪያ

saxofón

ዋሽንት

flauta

የድምፅ ማጉያ

mikrofón

# የደር እንስሳት ማቆያ

## ZOO

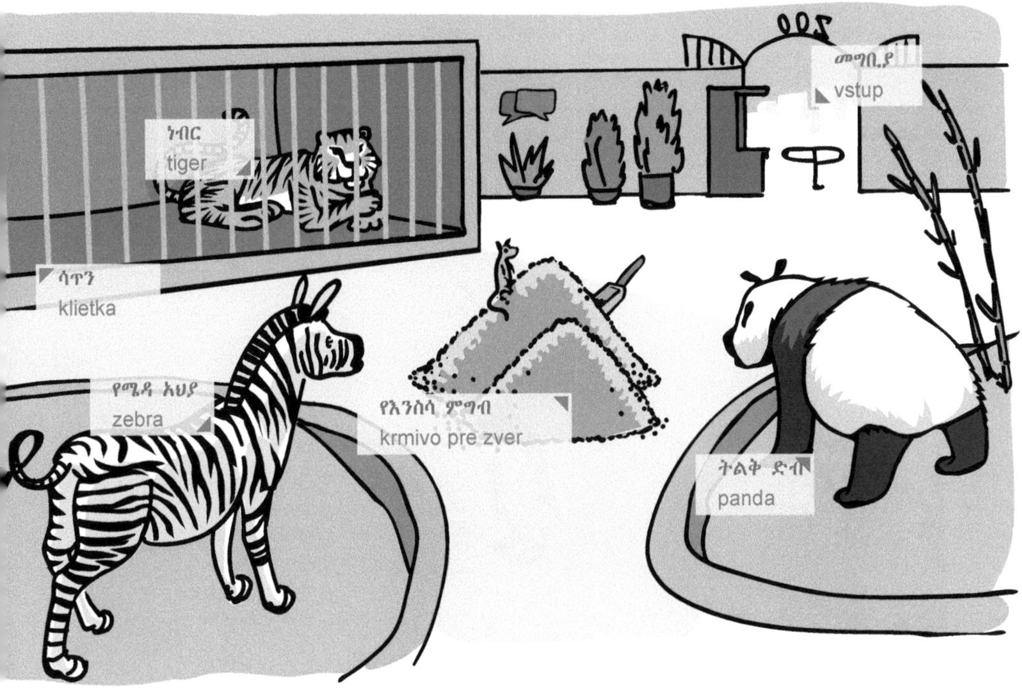

መግቢያ
vstup
ነብር
tiger
ሳጥን
klietka
የሜዳ አህያ
zebra
የእንስሳ ምግብ
krmivo pre zver
ትልቅ ድብ
panda

እንስሳቶች

zvieratá

ዝሆን

slon

ካንጋሮ

klokan

አዉራሪስ

nosorožec

ትልቅ ዝንጀሮ

gorila

ድብ

medveď

ግመል

ťava

ሰጎን

pštros

አንበሳ

lev

ጦጣ

opica

ቅልጥመ ረዥም ወፍ

plameniak

በቀቀን

papagáj

የወዋልታ ድብ

ľadový medveď

የዋልታ ወፎች

tučniak

ረጅም ጥርሶች ያሉትአሳ ነባሪ

žralok

ጣዎስ

páv

እባብ

had

አዞ

krokodíl

የዱር አራዊት የሚጠበቁበት ማቆያን የሚጠብቅ

ošetrovateľ v ZOO

አሳ በሊታ የባህር እንስሳ

tuleň

የዱር ድመት

jaguár

**ድንክ ፈረስ**

poník

**ነብር**

leopard

**ጉማሬ**

hroch

**ቀጭኔ**

žirafa

**ንስር**

orol

**ከርከሮ**

diviak

**አሳ**

ryba

**የባህር ኤሊ**

korytnačka

**የባህር አዉሬ**

mrož

**ቀበሮ**

líška

**የሜዳ ፍየል ፤ ሚዳቋ**

gazela

# የስፖርት አይነቶች

## šport

የአሜሪካ እግርኳስ
americký futbal
የብስክሌት ስፖርት
cyklistika
ቴኒስ
tenis
የቅርጫት ኳስ
basketbal
ዋና
plávanie
የቡጢ ስፖርት
box
የበረዶ ላይ የገና ጨዋታ
hokej

እግር ኳስ

futbal

የላበ ኳስ ጨዋታ

bedminton

አትሌቲክስ

ľahká atletika

የእጅ ኳስ ስፖርት

hádzaná

የበረዶ መንሸራተት ስፖርት

lyžovanie

ፈረስ ግልቢያ

pólo

# እንቅስቃሴዎች
# aktivity

መዝለል
skočiť
ማቀፍ
objať
መሳቅ
smiať sa
መራመድ
chodiť
መዘመር
spievať
ህልም ማለም
snívať
መፀለይ
modliť sa
መሳም
pobozkať

መፃፍ
.................
písať

መሳል
.................
kresliť

ማሳየት
.................
ukázať

መግፋት
.................
tlačiť

መስጠት
.................
dať

መዉሰድ
.................
brať

መያዝ

mať

ማድረግ

robiť

መሆን

byť

መቆም

stáť

መሮጥ

bežať

መሳብ

ťahať

መወርወር

hádzať

መዉደቅ

padnúť

መዋሸት

ležať

መጠበቅ

čakať

መሸከም

nosiť

መቀመጥ

sedieť

መልበስ

obliecť sa

መተኛት

spať

መንቃት

zobudiť sa

መመልከት

..................

pozerať

ማለልቀስ

..................

plakať

መጫር

..................

hladkať

ማበጠር

..................

česať

ማዉራት

..................

hovoriť

መረዳት

..................

rozumieť

ጥያቄ

..................

pýtať sa

ማዳመጥ

..................

počuť

መጠጣት

..................

piť

መብላት

..................

jesť

ማንፃት

..................

upratať

ማፍቀር

..................

milovať

ምግብ ማብሰል

..................

variť

መንዳት

..................

jazdiť

መብረር

..................

letieť

መርከብ መንዳት

plachtiť

ቁጥሮችን ማስላት

počítať

ማንበብ

čítať

መማር

učiť sa

መስራት

pracovať

ማግባት

oženiť

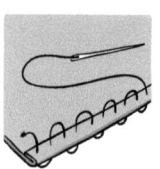

መስፋት

šiť

ጥርስ መቦረሽ

čistiť zuby

መግደል

zabiť

ማጨስ

fajčiť

መላክ

poslať

# ቤተሰብ
# rodina

የሴት አያት
stará mama
የወንድ አያት
starý otec
አባት
otec
እናት
mama
ህፃን
bábo
ሴት ልጅ
dcéra
ወንድ ልጅ
syn

እንግዳ

hosť

አ ስት

teta

አጎት

strýko

ወንድም

brat

እህት

sestra

# አካል

## telo

ግንባር
čelo
አይን
oko
ትከሻ
plece
ጣት
prst
ፊት
tvár
አገጭ
brada
እጅ
ruka
ጡት
hruď
እግር
noha
ክንድ
rameno

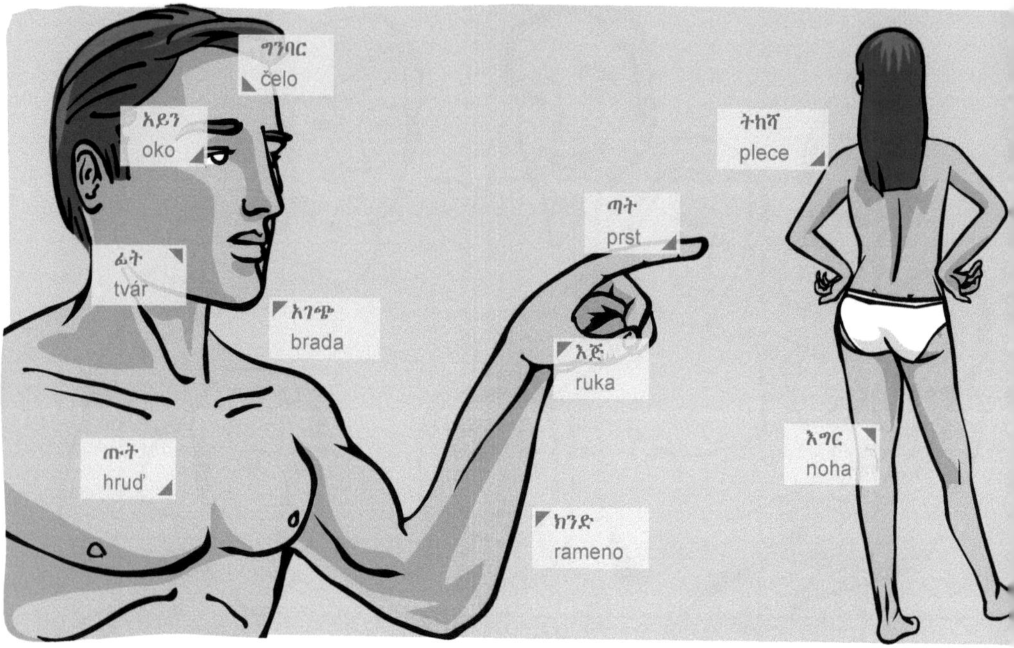

ህፃን

bábo

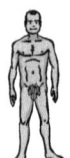

ሰዉ

muž

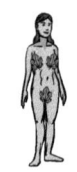

ሴት

žena

ልጃገረድ

dievča

ወንድ ልጅ

chlapec

ራስ

hlava

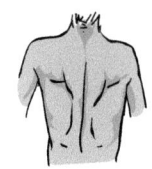

ጀርባ

chrbát

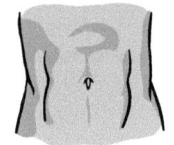

ሆድ

brucho

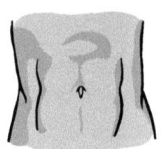

እምብርት

pupok

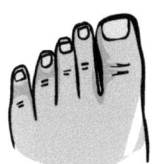

የእግር ጣት

prst na nohe

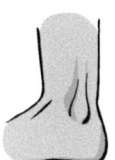

ተረከዝ

päta

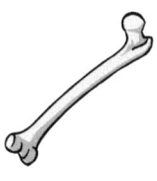

አጥንት

kosť

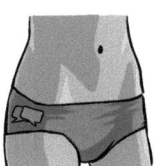

ዳሌ

bok

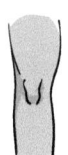

ጉልበት

koleno

ክርን

lakeť

አፍንጫ

nos

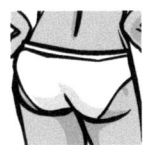

ቂጥ

zadok

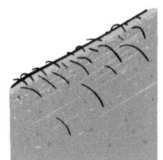

ቆዳ

koža

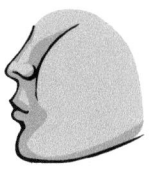

ጉንጭ

líce

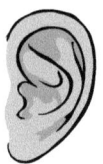

ጆሮ

ucho

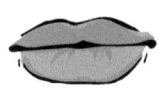

ከንፈር

pery

አፍ

ústa

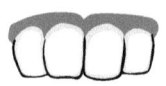

ጥርስ

zub

ምላስ

jazyk

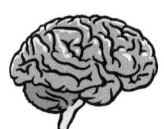

አንጎል

mozog

ልብ

srdce

ጡንቻ

svaly

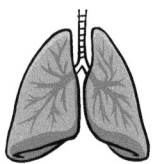

ሳምባ

pľúca

ጉበት

pečeň

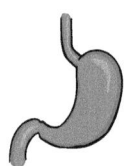

ሆድ

žalúdok

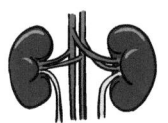

ኩላሊቶች

obličky

የግብረስጋ ግንኙነት

pohlavný styk

ኮንዶም

kondóm

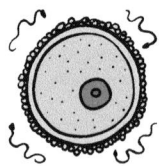

የሴት እንቁላል

vaječná bunka

የዘር ፈሳሽ

semeno

እርግዝና

tehotenstvo

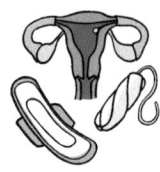

የወር አበባ
menštruácia

እምስ
vagína

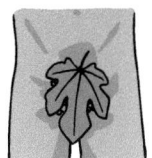

ቁላ
penis

ቅንድብ
obočie

ፀጉር
vlasy

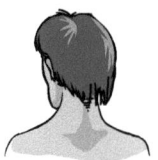

አንገት
krk

# ሆስፒታል

## nemocnica

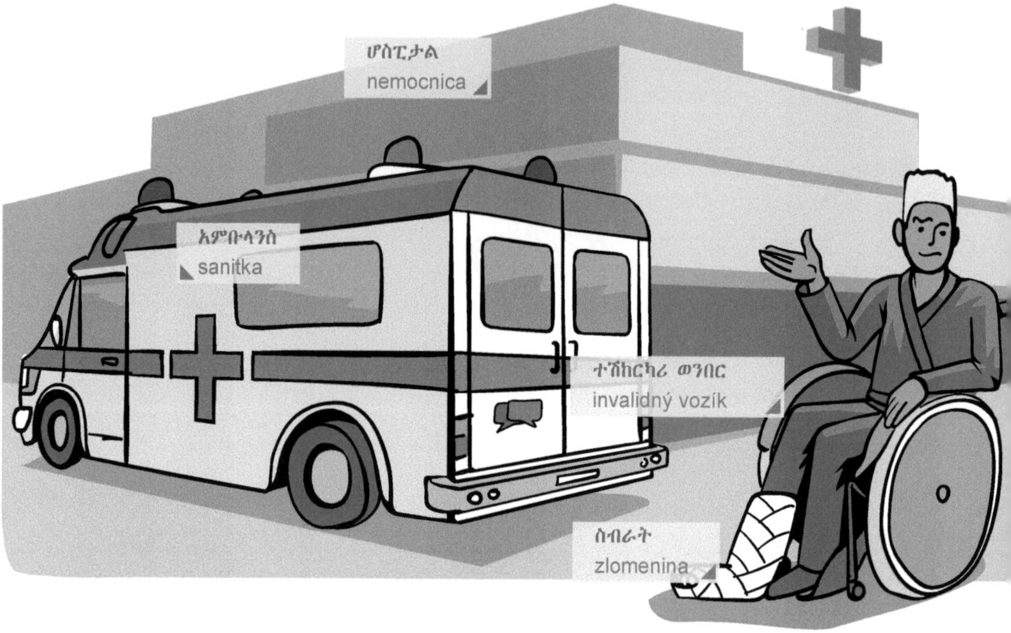

ሆስፒታል
nemocnica
አምቡላንስ
sanitka
ተሽከርካሪ ወንበር
invalidný vozík
ስብራት
zlomenina


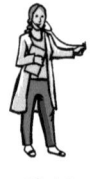

ዶክተር

lekár

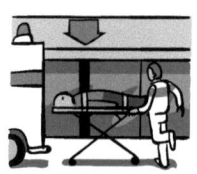

ድንገተኛ ክፍል

urgentný príjem

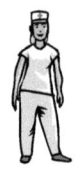

ነርስ

sestrička

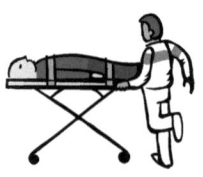

ድንገተኛ

urgentný prípad

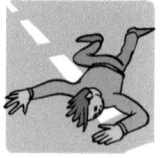

ራስን መሳት/ አለማወቅ

v bezvedomí

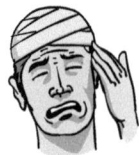

ህመም

bolesť

ጉዳት
zranenie

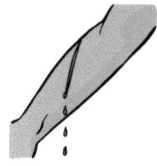

መድማት
krvácanie

የልብ ድካም
srdcový infarkt

ስትሮክ
mozgová porážka

አለርጂ
alergia

ሳል
kašeľ

ትኩሳት
teplota

ኢንፍሉዌንዛ
chrípka

ተቅማጥ
hnačka

የራስ ምታት
bolesť hlavy

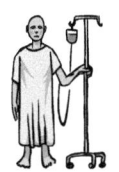

ካንሰር
rakovina

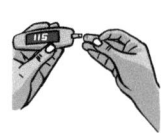

የስኳር በሽታ
cukrovka

ቀዶ ጠጋኝ ሐኪም
chirurg

የቀዶ ጥገና ስለት
skalpel

ቀዶ ጥገና
operácia

ሲቲ

CT

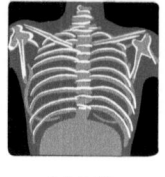

ኤክስሬዮ

RTG

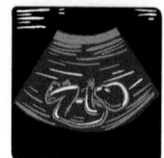

አልትራሳዉንድ

ultrazvuk

የፊት ጭምብል

maska

በሽታ

choroba

መጠበቂያ ክፍል

čakáreň

ምርኩዝ

barla

የቁስል ማሸጊያ

náplasť

ፋሻ

obväz

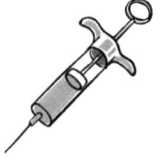

መርፌ

injekcia

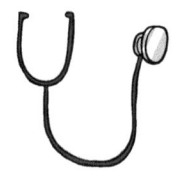

የልብ ምት ማዳመጫ መሳሪያ

fonendoskop

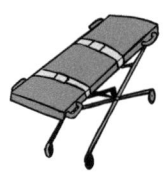

የበሽተኛ አልጋ

nosidlá

የህክምና ሙቀት መለኪያ መሳሪያ

teplomer

መውለድ

pôrod

ከልክ ያለፈ ክብደት

nadváha

74 ሆስፒታል - nemocnica

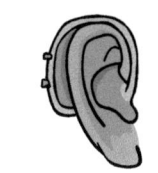

ለመስማት የሚረዳ መሳሪያ

audiofón

ፀረ ተባይ መድሀኒት

dezinfekčný prostriedok

ማመርቀዝ

infekcia

ቫይረስ

vírus

ኤች አይቪ ኤድስ

HIV / AIDS

ህክምና

medicína

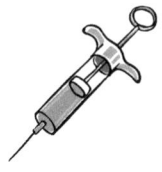

ክትባት

očkovanie

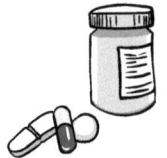

ኪኒን

tabletky

ኪኒን

antikoncepčná pilulka

አስቸኳይ የስልክ ጥሪ

tiesňové volanie

ም ግፊት መቆጣጠሪያ

tlakomer

ህመም/ ጤንነት

chorý / zdravý

# ድንገተኛ
# urgentný prípad

እርዳታ!

Pomoc!

ማንቂያ ደወል

alarm

ጥቃት

prepad

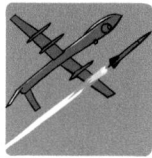

ድብደባ

útok

አደጋ

nebezpečenstvo

የድንገተኛ መዉጫ

núdzový východ

እሳት!

Horí!

እሳት ማጥፊያ

hasičský prístroj

አደጋ

nehoda

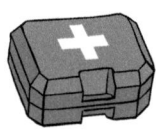

የመጀመሪያ እርዳታ መድሃኒት መያዣ

kufrík prvej pomoci

ነፍስ አድን

SOS

ፖሊስ

polícia

አዉሮፓ

Európa

ሰሜን አሜሪካ

Severná Amerika

ደቡብ አሜሪካ

Južná Amerika

አፍሪካ

Afrika

እስያ

Ázia

አዉስትራሊያ

Austrália

አትላንቲክ

Atlantický oceán

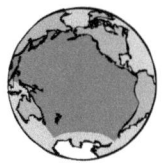

ፓስፊክ

Tichý oceán

የህንድ ዉቅያኖስ

Indický oceán

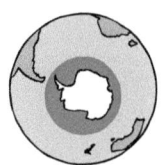

አንታርክቲክ ዉቅያኖስ

Južný oceán

አርክቲክ ዉቅያኖስ

Severný ľadový oceán

ሰሜን ዋልታ

Severný pól

**ደቡብ ዋልታ**

Južný pól

**አንታርክቲካ**

Antarktída

**ምድር**

Zem

**መሬት**

krajina

**ባህር**

more

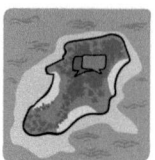

**ደሴት**

ostrov

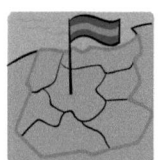

**አገርና ህዝብ**

národ

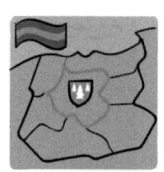

**መንግስት**

štát

# ሰዓት
# hodiny

ሰዓት ገፅታ

ciferník

ሰዓት

hodinová ručička

ደቂቃ

minútová ručička

ሴኮንድ

sekundová ručička

ስንት ሰዓት ነው?

Koľko je hodín?

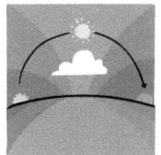

ቀን

deň

ጊዜ

čas

አሁን

teraz

የቁጥር ሰዐት

digitálne hodiny

ደቂቃ

minúta

ሰዓታት

hodina

ሰኞ
pondelok MO

W streda ረቡዕ

FR piatok አርብ

TU

TH ቅዳሜ
sobota

SA

ማክሰኞ utorok

ሙስ
štvrtok

SO

እሁድ
nedeľa

ለን
..................
včera

ዛሬ
..................
dnes

ነገ
..................
zajtra

ማለዳ
..................
ráno

ቀ ር
..................
poludnie

ምሽ
..................
večer

| MO | TU | WE | TH | FR | SA | SU |
|----|----|----|----|----|----|----|
| 1 | 2 | 3 | 4 | 5 | 6 | 7 |
| 8 | 9 | 10 | 11 | 12 | 13 | 14 |
| 15 | 16 | 17 | 18 | 19 | 20 | 21 |
| 22 | 23 | 24 | 25 | 26 | 27 | 28 |
| 29 | 30 | 31 | 1 | 2 | 3 | 4 |

የስራ ቀና
..................
pracovné dni

| MO | TU | WE | TH | FR | SA | SU |
|----|----|----|----|----|----|----|
| 1 | 2 | 3 | 4 | 5 | 6 | 7 |
| 8 | 9 | 10 | 11 | 12 | 13 | 14 |
| 15 | 16 | 17 | 18 | 19 | 20 | 21 |
| 22 | 23 | 24 | 25 | 26 | 27 | 28 |
| 29 | 30 | 31 | 1 | 2 | 3 | 4 |

የዕረፍ ቀና
..................
víkend

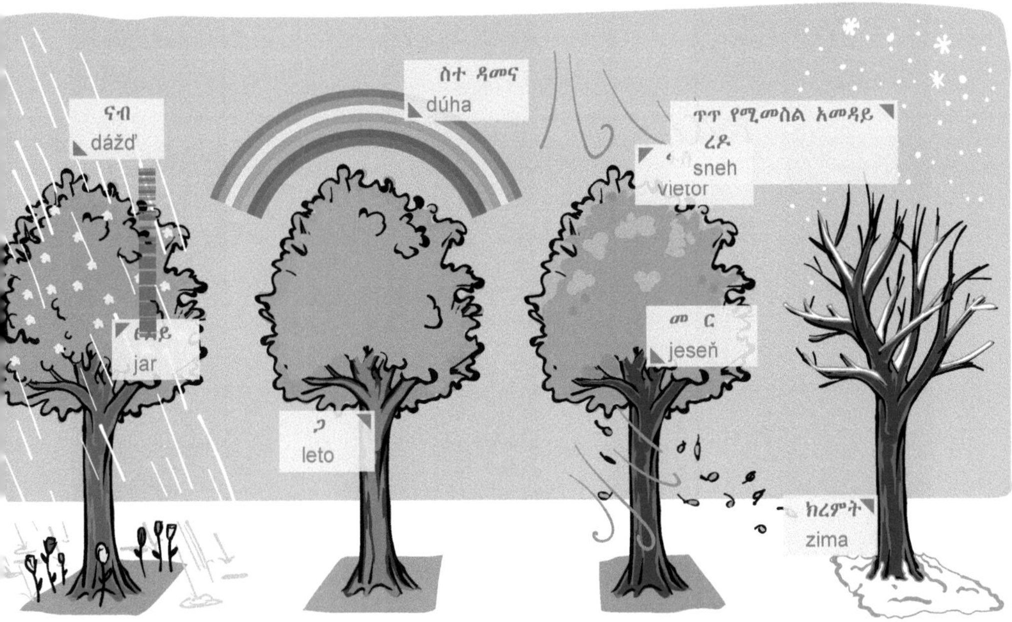

ናብ
dážď

ስተ ዳመና
dúha

ጥጥ የሚመስል አመዳይ
ረዶ
sneh

vietor

ፀደይ
jar

ጋ
leto

መጸር
jeseň

ክረምት
zima

| 4.APRIL | 11° | ☀ |
| 5.APRIL | 4° | ☔ |
| 6.APRIL | 13° | ☁ |
| 7.APRIL | 8° | ☀ |
| 8.APRIL | 10° | ☀ |

የአየር ሁኔታ ትን ያ

predpoveď počasia

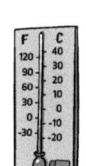

የሙ ት መለኪያ

teplomer

የፀፀይ ሙ ት

slnečný svit

ደመና

oblak

ጭጋግ

hmla

እርጥ ታማ ት

vlhkosť vzduchu

መብረቅ

blesk

ነጎድጓድ

hrom

አዉሎ ንፋስ

búrka

የበረዶ ዝናብ

krúpy

አዉሎ ንፋስ

monzún

ጎርፍ

záplava

በረዶ

ľad

ጥር

január

የካቲት

február

መጋቢት

marec

ሚያዚያ

apríl

ግንቦት

máj

ሰኔ

jún

ሐምሌ

júl

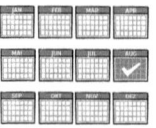

ነሀሴ

august

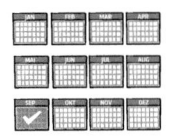

መስከረም

september

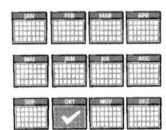

ጥቅምት

október

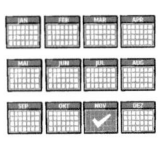

ህዳር

november

ታህሳስ

december

# ቅርፆች

## tvary

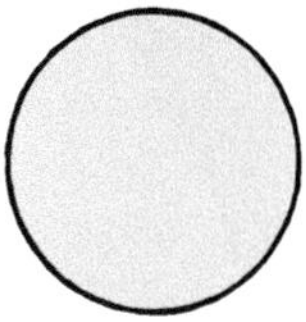

ክብ

kruh

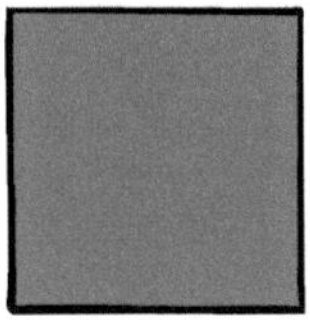

አራት ማዕዘን

štvorec

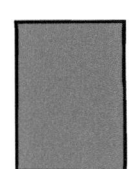

አራት ቀጥተኛ ማዕዘኖች ጎኖች ያሉት ቅርፅ

obdĺžnik

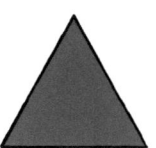

ሶስት ማዕዘን

trojuholník

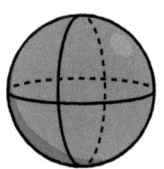

ሉል

guľa

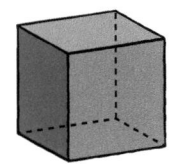

ስድስት ጎን ያለዉ ቅርፅ

kocka

# ቀለማት

# farby

ነጭ

biela

ቢጫ

žltá

ብርቱካናማ

oranžová

ሮዝ

ružová

ቀይ

červená

ወይን ጠጅ

fialová

ሰማያዊ

modrá

አረንጓዴ

zelená

ቡኒ

hnedá

ግራጫ

šedá

ጥቁር

čierna

# ተቃራኒዎች
## protiklady

ብዙ/ ጥቂት

veľa / málo

ንዴት/ እርጋታ

zúrivý / pokojný

ቆንጆ/ አስቀያሚ

pekný / škaredý

ጅማሬ/ ፍፃሜ

začiatok / koniec

ትልቅ/ ትንሽ

veľký / malý

ደማቅ/ ደብዛዛ

svetlý / tmavý

ወንድም/ እህት

brat / sestra

ንፁህ/ ቆሻሻ

čistý / špinavý

የተሟላ/ ያልተሟላ

úplný / neúplný

ቀን/ ምሽት

deň / noc

የሞተ/ ህያዉ

mŕtvy / živý

ሰፊ/ ጠባብ

široký / úzky

የሚበላ/ የማይበላ
chutný / nechutný

ክፉ/ ደግ
zlostný / láskavý

ደስተኛ/ ድብርተኛ
vzrušený / unudený

ወፍራም/ ቀጭን
tlstý / chudý

መጀመርያ/ መጨረሻ
prvý / posledný

ጓደኛ/ ጠላት
priateľ / nepriateľ

ሙሉ/ ጎዶሎ
plný / prázdny

ጠንካራ/ ለስላሳ
tvrdý / mäkký

ከባድ/ ቀላል
ťažký / ľahký

ረሃብ/ ጥማት
hlad / smäd

ህመም/ ጤንነት
chorý / zdravý

ህገወጥ/ ህጋዊ
nelegálny / legálny

ጎበዝ/ ደደብ
inteligentný / hlúpy

ግራ/ ቀኝ
vľavo / vpravo

ቅርብ/ ሩቅ
blízko / ďaleko

አዲስ/ አሮጌ

nový / použitý

ምንም/ የሆነ ነገር

nič / niečo

ሽማግሌ/ ወጣት

starý / mladý

የበራ/ የጠፋ

zapnuté / vypnuté

ክፍት/ ዝግ

otvorené / zatvorené

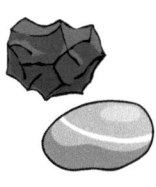

ፀጥታ/ ጫጫታ

tichý / hlasný

ሃብታም/ ደሃ

bohatý / chudobný

ትክክለኛ/ የተ

správne / nesprávne

ሻካራ/ ለስላሳ

drsný / hladký

ሐዘን/ ደስታ

smutný / šťastný

አጭር/ ረጅም

krátky / dlhý

ዝግተኛ/ ፈጣን

pomaly / rýchlo

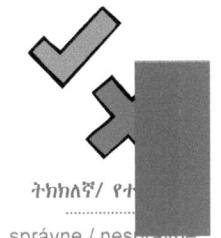

እርጥብ/ ደረቅ

mokrý / suchý

ሞቃት/ ቀዝቃዛ

teplý / studený

ጦርነት/ ሰላም

vojna / mier

# ቁጥሮች

## čísla

**0**

ዜሮ
nula

**1**

አንድ
jeden

**2**

ሁለት
dva

**3**

ሶስት
tri

**4**

አራት
štyri

**5**

አምስት
päť

**6**

ስድስት
šesť

**7**

ሰባት
sedem

**8**

ስምንት
osem

**9**

ዘጠኝ
deväť

**10**

አስር
desať

**11**

አስራ አንድ
jedenásť

12

አስራ ሁለት

dvanásť

13

አስራ ሶስት

trinásť

14

አስራ አራት

štrnásť

15

አስራ አምስት

pätnásť

16

አስራ ስድስት

šestnásť

17

አስራ ሰባት

sedemnásť

18

አስራ ስስምንት

osemnásť

19

አስራ ዘጠኝ

devätnásť

20

ሃያ

dvadsať

100

መቶ

sto

1.000

ሽህ

tisíc

1.000.000

ሚሊዮን

milión

# ቋንቋዎች

# jazyky

እንግሊዝኛ

....................

angličtina

የአሜሪካ እንግሊዝኛ

....................

americká angličtina

የቻይና ማንዳሪን

....................

mandarínska čínština

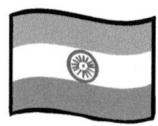

ሂንዱ

....................

hindčina

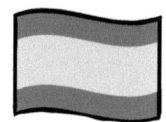

ስፓኒሽ

....................

španielčina

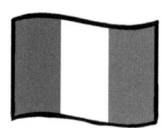

ፍሬንች

....................

francúzština

አረብኛ

....................

arabčina

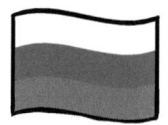

ራሺያኛ

....................

ruština

ፖርቱጊዝ

....................

portugalčina

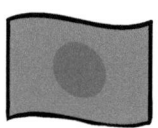

ቤንጋሊ

....................

bengálčina

ጀርመን

....................

nemčina

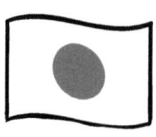

ጃፓንኛ

....................

japončina

# ማን/ ምን/ እንዴት
## kto/čo/ako

እኔ

ja

አንተ

ty

እሱ/ እርሷ/ እቃዉ

on/ona/ono

እኛ

my

አንተ

vy

እነርሱ

oni

ማን?

kto?

ምን?

čo?

እንዴት?

ako?

የት?

kde?

መቼ?

kedy?

ስም

meno

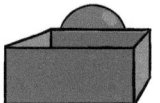

# የት

# kde

በስተጀርባ

za

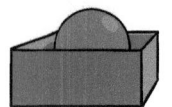

ዉስጥ

v

ከፊት ለፊት

pred

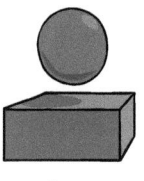

ከላይ

nad

ላይ

na

ከስር

pod

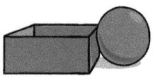

አጠገብ

vedľa

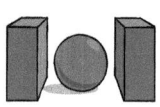

መሃከል

medzi

ቦታ

miesto